Ya Nada Está Mal

Manual para
Conserjes Espirituales

Felipe Oliveira

– ÍNDICE –

– PREÁMBULO –

«Cuando me encontraba en mis veintes, impulsado por un deseo de liberarme del tumulto interno y del sufrimiento, busqué refugio en una escuela del Cuarto Camino en la tradición de Gurdjieff-Ouspensky. Esta experiencia me proporcionó invaluables perspectivas sobre el funcionamiento de nuestra psique.

Un momento crucial llegó cuando un amigo me entregó un libro de John Wheeler, el cual catalizó una Revelación o Despertar durante una intensa dificultad emocional. En un momento de indagación espontánea sobre «la verdad del yo», se descubrió un vasto océano de Conciencia Pura donde no existía un yo separado. La paz coexistía con el dolor.

Luego, me embarqué en una peregrinación de dos años, durante los cuales conocí maestros y absorbí sus enseñanzas. Sin embargo, a medida que el paradigma de la no-dualidad comenzaba a sentirse árido y sin vida, surgieron nuevas preguntas: ¿por qué exactamente el ego crea tanto sufrimiento innecesario? ¿Y cómo lo hace?

Esta indagación me llevó a las Enseñanzas de Michael y a las herramientas de la Astrología Horaria Tradicional y el Tarot de Marsella. Armado con estos sistemas de sabiduría, me sumergí en las complejidades del ego, sin dejar cabos sueltos. Como dijo Nisargadatta Maharaj: «La mente debe ser conocida». En mi caso, esta investigación exhaustiva resultó ser la clave.

Eventualmente, el sentido de separación se disolvió, y el sufrimiento psicológico y la búsqueda cesaron, impregnando la vida de una simplicidad silenciosa, pero profunda, más allá de las complejidades egóicas, metafísicas y espirituales de la mente. En este espacio, nada está inherentemente mal —todo es solo un sueño, y Yo Soy—.

En los ensayos y diálogos que siguen, comparto lo que he aprendido y desaprendido en los caminos sinuosos y en los directos. Mi propuesta es iluminar los mecanismos mentales-emocionales de las limitaciones autoimpuestas y señalar la paz que subyace más allá de ellas». – Felipe

«Ni esto, ni aquello.
Descansa,
Todo es un sueño.
Paz al fin».

— Narayan

– Espíritu –

–¿Qué es la Iluminación?

Según mi definición, es una revelación o reconocimiento. Se reconoce que la Verdadera Naturaleza de la Realidad es Conciencia Pura y que yo no estoy separado de Ella.

Ese reconocimiento puede tener muchas consecuencias en la vida de la persona a quien le suceda. Y más notablemente, anuncia el comienzo del último tramo del camino espiritual para algunos, y es el final real del camino para otros.

La palabra Iluminación es simbólica. Antes de la Iluminación, había oscuridad, por lo que la Realidad no podía ser vista, revelada o reconocida. Con la Iluminación, la luz está presente y la Realidad se vuelve visible.

La palabra Despertar es también simbólica en referencia al mismo evento de Iluminación. En el sueño, la Realidad no puede ser discernida. En la vigilia, puede serlo.

La revelación o reconocimiento es impersonal. Nadie despierta, está despierto o está iluminado.

–Me resulta difícil entender esto.

... no es difícil de entender; es imposible. El intelecto no puede comprender su Fuente. El intelecto es el pincel; la Fuente es el pintor. Una vez que pica el bicho de la búsqueda, la única resolución es la Iluminación misma.

Después de la Iluminación, si la duda y la búsqueda persisten, prestar atención y eliminar lo inútil puede ayudar a lograr la Realización.

El intelecto puede funcionar tanto a favor como en contra de la Iluminación y la Realización.

Algunas ideas espirituales que ayudan a fortalecer la personalidad al principio del camino, terminan funcionando en contra de la Iluminación y la Realización más adelante.

Lo que comparto contigo es para ayudar a tu intelecto a operar favorablemente hacia la Iluminación y la Realización, alineándolo con cómo son las cosas, eliminando ideas poco claras, mal formadas, inaplicables o falsas, y eliminando creencias erróneas. A partir de ahí, tu atención puede fluir de maneras inesperadas y sorprendentes.

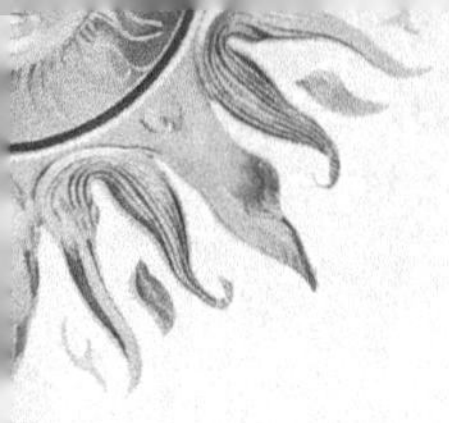

–¿QUÉ HAY?

Un Océano sin principio ni fin. Quieto, incorruptible, inmutable, sin causa, no manifestado. Potencial.

Cuando se manifiesta, el mundo está ahí, como mente. Las olas aparecen como movimientos y formas en el Océano. Una apariencia unificada como una experiencia única y atemporal, sin costuras.

El mundo es una apariencia, y el cuerpo y la personalidad son parte del mundo, no algo separado de él.

El mundo es igual a la mente. Esto no es una analogía. La mente no es una caja o contenedor. La mente es la proyección presente del mundo perceptible.

La mente tiene su origen en la Conciencia Pura, y se proyecta como una película sobre la Conciencia Pura.

Después del Despertar, el término «buscador» ya no es aplicable.

Si debemos contemplar un concepto del yo, «buscador» no es útil, por razones que deberían ser obvias después del Despertar.

El buscador busca algo. El Despertar ha dejado claro que lo que se buscaba no es nada que se pueda obtener; no hay nadie buscando y nadie que pueda obtener lo buscado.

En lugar de buscar la autorrealización, toma un cepillo, jabón y un balde. Ponte un uniforme de conserje y haz lo que hacen los conserjes. Esta personalidad y cuerpo no están obligados a hacer nada más después de la Revelación.

El «camino de la negación» no es una noción abstracta que las personas espirituales puedan elegir del estante de la biblioteca esotérica.

El camino de la negación es lo que se requiere después de que ocurre el Despertar. Es un patrón conocido en el desarrollo espiritual. El proceso central es la eliminación, la remoción y la limpieza.

Si el Despertar ha ocurrido y se siente la necesidad de hacer algo, entonces la herramienta adecuada es una escoba y solo la orientación, indagación o meditación suficiente para estar claro sobre qué alfombras levantar y barrer debajo.

–¿El Despertar es un proceso gradual?

El Despertar no es un proceso; es un evento. Es una revelación, y lo que se revela en Él está más allá del tiempo.

Sin embargo, la personalidad, como un todo, y el ego pasan por un proceso tanto antes como después de ese evento.

De hecho, ocurren dos procesos diferentes.

El primer proceso es acumulación, crecimiento, control y esfuerzo. Es un trabajo preparatorio realizado principalmente antes del Despertar.

Después del Despertar, comienza el proceso de eliminación. A medida que la mente se va deshaciendo de creencias erróneas, ideas equivocadas, miedos infundados, y las diversas emociones negativas que el miedo genera, la paz de la Aceptación Total impregna nuestra vida diaria cada vez más.

–¿PUEDE LA ILUMINACIÓN SER TRANSMITIDA DIRECTAMENTE A OTRAS PERSONAS?

La Conciencia no es susceptible al movimiento, ubicación, propiedad o administración. No es una cosa, ni siquiera es algo sutil o metafísico. Así que no se transmite de una persona a otra.

Sin embargo, las palabras, una mirada o simplemente la presencia de una persona pueden provocar el Reconocimiento o un Insight en otra persona. Eso ciertamente puede suceder. El Reconocimiento también puede producirse al leer un libro, ver un video o sencillamente de forma espontánea.

Lo que se reconoce es compartido entre todos los individuos y por lo tanto excluye el concepto de transmisión.

Lo que se reconoce es lo que somos y todo lo que es, no lo que tenemos. No es algo que Dios, los dioses, los santos, los maestros ascendidos, los gurús y las «personas iluminadas» tengan y estén dispuestos a otorgar y transmitir.

La personificación, propiedad, comprensión o control de la Conciencia es el intelecto tratando de ponerla en un frasco. Esto no conduce a la liberación del sufrimiento.

Entonces, en algún momento, acudimos a los maestros. Si el maestro hace su trabajo, y el buscador está listo, se destruye la idea de que las personas iluminadas tienen algo que tú no tienes. Eso abre la puerta a la liberación del sufrimiento.

–Se dice que hay muchos Despertares o Vislumbres

De todos los Despertares o Vislumbres, solo uno es significativo. Es aquel donde queda irrevocablemente claro que la Conciencia es todo lo que existe y que no hay tal cosa como un «yo» separado de la Conciencia. Ese es el único Despertar que merece el nombre de Despertar.

Esa es una revelación de la Verdad, y la Verdad permitirá la erradicación de la mentira de la separación que surge en el ego y el innecesario sufrimiento que esa mentira produce. Eso es lo que se quiere decir con la frase: «La Verdad os hará libres».

Para algunas personas bendecidas, hay evidencia de que el Despertar es simultáneo con la muerte del sentido de separación en el ego. Para el resto de nosotros los mortales, son dos eventos diferentes. Uno abre una puerta, y el otro la consume en llamas.

La Verdad revelada en el Despertar se convierte en el punto de referencia para el desarrollo psicológico continuo y renovado en términos de liberación del sufrimiento. A medida que ese punto de referencia del Despertar se vuelve más presente en nuestra vida diaria, y más tonterías son eliminadas de nuestro intelecto y emociones, más esa Verdad infunde paz en nuestras vidas.

–¿Al final el «yo» se unifica con la Totalidad?

No. No hay un «yo» que esté separado.

Esa separación es una suposición no cuestionada que unos siete mil millones de personas aceptan sin pensarlo dos veces.

Por lo tanto, cualquier idea espiritual que se elabore en torno a esa suposición es solo imaginación inútil o está dirigida a un tipo específico de buscador que está al principio de su camino.

Para un buscador más experimentado, se afirma que lo que llamamos «yo» es un concepto asociado con una personalidad, ego y cuerpo, y tiene una función práctica en la vida. Pero nunca ha estado separado de la Conciencia.

El Despertar es el evento que ocurre al quedar al descubierto esa suposición. La Autoindagación o Recuerdo de Sí es el acto de desafiar esa suposición. La Realización Espiritual es cuando se destruye la suposición, y nada toma su lugar; así, ya nada está mal.

–¿Nos despertamos al sueño o del sueño?

Se asume que existe una entidad separada que puede despertar ya sea al o del sueño.

No existe tal entidad. Es una suposición no cuestionada. Ese es el hecho mismo que se revela en el Despertar.

Hay un Despertar. El Despertar revela sin lugar a dudas que nadie despierta o está despierto. Y el sueño mismo es irrelevante.

Somos Conciencia. La Conciencia no es consciente «de» nada. Tampoco «nosotros» estamos dentro de la Conciencia. La Conciencia ES todo.

No hay sujeto separado experimentando el sueño, y no hay sujeto real en el sueño excepto como una construcción mental y la experiencia de los sentidos.

Las relaciones sujeto-objeto SON el sueño. Así que un «yo» que supuestamente despierta al o del sueño es parte del sueño.

Además, no hay problema con que el sueño sea un sueño.

Usualmente, queremos despertar porque nuestro sueño es desagradable. Es justo. Esa es la base del sufrimiento y la búsqueda. Sin embargo, a menudo, queremos escapar del dolor idealizando la dicha, preferiblemente eterna, en algún lugar fuera del sueño. Estamos infelices y sufriendo y luego proyectamos una solución «espiritual».

Ese idealismo permanece insatisfecho ya que no hay fin para la búsqueda o para el sufrimiento por ese camino.

La personalidad es el sueño. La mente, las emociones, el mundo son el sueño. Es lo manifestado. Placer y dolor. Está bien como está.

El sueño no es un problema. Es precisamente por eso que la Realización Espiritual puede expresarse como «ya nada está mal».

−El Sr. X dice que se despertó y ahora está despierto. Pero dijiste que nadie se despierta

Tal vez sea una cuestión de lenguaje y semántica, tal vez no. No tengo forma de saberlo. Así que tienes que averiguarlo por ti mismo. Pídele que explique lo que quiere decir; para eso están los maestros.

Lo que puedo ofrecerte es hablar desde mi experiencia.

En mi forma de hablar sobre el Despertar, no puedo decir «yo desperté». Simplemente no es verdad.

Nunca estuve dormido, y nunca desperté. Y sé que eso es lo mismo para Ti, y para el Sr. X, de hecho. Tú no eres el cuerpo; no eres la personalidad. El cuerpo y la personalidad duermen y despiertan. Tú no. Reflexiona sobre esto.

En mi experiencia, hubo un evento que podría llamarse Despertar. Ese evento reveló, entre otras facetas, que nadie despierta. Queda expuesto un malentendido sobre lo que llamamos «yo» o «ser», y lo que queda son las Cosas como Son.

La persona imagina que va a despertar. El Despertar ocurre y destruye esa imaginación.

Espiritualmente hablando, «yo» o «estar despierto» son conceptos sin sentido en mi experiencia actual. Son irrelevantes para las Cosas como Son.

La razón principal por la que hablo de estas cosas es porque tal Despertar anuncia el fin del sufrimiento y el fin de la búsqueda. Así que creo que es un tema que vale la pena discutir, considerando que sufrí durante unos cuarenta años y algunas personas me ayudaron a aclarar dónde mi visión estaba nublada y abrir la puerta al Despertar.

Una persona no despierta o se ilumina. El Despertar o Iluminación sucede «a una persona». Y lo que se revela está más allá de la persona —nuestra Verdadera Naturaleza—.

Hay una Aceptación Total de quienes somos como personas, incluyendo nuestros defectos de carácter y malos hábitos.

Pero para evitar un posible malentendido, yo no usaría la palabra «cómodamente». Diría que nos permite vivir con cierta tranquilidad.

Si tenemos seguridad financiera, salud, un hogar, un grupo de apoyo, y estamos rodeados de belleza y otras cosas agradables que la vida tiene el potencial de proporcionar, sí, vivir cómodamente es apropiado. Si faltan esas cosas, puede ser muy incómodo de hecho.

La Realización Espiritual no resuelve problemas de dinero, salud o relaciones, y estos no desaparecen como por arte de magia. Buscar una solución espiritual para resolver problemas no espirituales revela un malentendido fundamental sobre qué tipo de sufrimiento cesa con la Realización Espiritual.

La perfección es la fantasía de un ego no educado. Este es un punto sutil en el «ego espiritual» que, si se resuelve, puede poner fin a la búsqueda y revelar que no hay Nada Mal.

Ese malentendido es a menudo el obstáculo final. El ego debe ser conocido en todas sus manifestaciones sutiles. No se puede dejar detalle sin revisar.

–¿ES LA REALIZACIÓN ESPIRITUAL LA MUERTE DEL EGO?

Depende de la definición de ego de cada uno. En mi definición, el ego es el sentido de sí mismo que nos permite funcionar en la vida. Si muriera antes de que este cuerpo muera, nos volveríamos inválidos.

La noción de un ego muerto parece una estrategia egóica impulsada por el deseo de alejar o eliminar algo que no nos gusta o que nos causa problemas.

Muchos de nosotros tenemos una respuesta excesivamente emocional o moral hacia el ego y luego creamos un enemigo para despreciar, denigrar, quejarnos, contra el que luchar, y finalmente matar, tanto en nosotros mismos como en otros.

Sin embargo, con la disolución del sentido de separación, el ego y sus respuestas a los estímulos se vuelven un no-problema. Se vuelve irrelevante. No hay nadie que se preocupe. Esa es la muerte que ocurre. El «problema del ego» que una vez tuvimos muere y no resucita. ¡Qué alivio! ¡Paz por fin!

–TODO ES UNA ILUSIÓN...

Hace un minuto me dijiste que todavía estás sufriendo. Puedes repetir que todo es una ilusión y continuar sufriendo.

Eso no ayuda. La mente está desenfocada y a la deriva. Esa idea es como una herramienta que está ya desgastada y puede ser desechada.

La raíz del sufrimiento psicológico es una ilusión, eso es seguro. Pero simplemente decir eso tampoco sirve de nada. La búsqueda y el sufrimiento continuarán hasta que eso se realice en la experiencia directa, y su verdad impregne la mente con suficiente profundidad.

Investiga y encuentra la raíz.

–¿Por qué Ramana Maharshi dice que no hay «otro»?

Mi conjetura educada es que un buscador particular necesitaba escuchar eso en ese momento para sacudirse la creencia errónea de que la persona es una entidad separada y, al hacerlo, liberar al buscador del sufrimiento psicológico y establecer la Quietud Impersonal.

No hay entidad «yo» separada, ni para el sabio ni para nadie más. Por lo tanto, el otro es un concepto como «yo». Es útil y necesario para propósitos prácticos y funcionales, pero irrelevante y obstructivo en términos de Autoconocimiento.

–¿ESTÁS DICIENDO QUE LA PERSONA NO EXISTE?

No existe como una entidad separada. Sin embargo, como una red de pensamientos y emociones presentes asociados con un cuerpo, sí, por supuesto que existe. No estaríamos teniendo esta conversación si ese no fuera el caso.

Llamamos a la persona «yo» por propósitos puramente prácticos para que podamos experimentar ciertos aspectos de la dualidad. Eso no implica o significa que el «yo» sea una entidad separada del Todo.

Esa es una suposición, un error fundamental de juicio que los humanos experimentan que, en algún momento, impulsa el inicio del trabajo espiritual. Es la madre de todos los malentendidos.

La persona es uno de los muchos objetos que aparecen y surgen de la Conciencia que Somos.

–¿CÓMO SABES QUE EL ESTADO DE NUESTRA NATURALEZA ESENCIAL QUE TÚ EXPERIMENTAS NO ES UN ESTADO PASAJERO?

Porque la naturaleza misma del Estado Esencial engendra la convicción sin esfuerzo de que no hay «yo» que experimente o pueda experimentarlo, y debido a que no es Dos, no hay opuesto a él. Por lo tanto, no hay un «ir» al igual que no hay un «venir».

Lo que viene y va y cambia para el buscador es la intensidad del sentido de separación.

Todo el drama de la búsqueda y la motivación para el Satsang se basan en la suposición de que llegarás a algún estado y estarás allí permanentemente. Esta suposición es una falsa creencia que surge del sentido de separación.

El Espíritu no es una experiencia que «tenemos».

—Me resulta difícil de entender.

Y con razón. Es incomprensible.

—¿Cómo podemos entenderlo y alcanzar la paz de la que hablas?

No podemos entenderlo. Solo podemos entender la experiencia. La fuente de la experiencia es no-comprensible. Pero eso es solo la mitad del indicador. Algunas personas pueden muy bien «entenderlo» escuchando solo esa mitad. Ellas son afortunadas.

Está la otra mitad para el resto de nosotros los mortales: no podemos entender la Verdad, pero podemos entender lo que es falso. Mira lo falso, reconócelo como falso, y se disuelve de manera natural y sin esfuerzo, y la Verdad «se vuelve conocida».

Cuando somos niños, creemos en Santa Claus. Un día, descubrimos que no existe, así que su falsedad se disuelve para siempre. Es imposible reinstaurar a Santa Claus. Vives libre de esa falsedad y sus inofensivas implicaciones, aunque puede decepcionar a algunos niños.

Así que se da el indicador: mira en tu experiencia y encuentra el «yo». ¿Dónde está? Concéntrate en la investigación. Mira cuidadosamente.

Si miras desde el ángulo correcto, verás que el «yo» es exactamente como Santa Claus: una imagen o concepto, pero en este caso, asociado con un cuerpo y una personalidad. Esto no es una analogía. El proceso de ver lo falso como falso es exactamente el mismo.

El problema es que hemos acumulado desde la infancia una enorme red de creencias, hábitos y justificaciones sobre quiénes o qué somos, incluyendo enseñanzas espirituales como aquellas que nos enseñan que «somos» un alma en evolución.

Hemos desarrollado una seria inversión emocional en este «yo», lo que representa un obstáculo considerable para la realización de la Paz. Las implicaciones de esta falsedad están lejos de ser inofensivas, como las de Santa Claus.

Así que el trabajo es estudiar la mente, dejar de justificar nuestras mezquinas emociones negativas porque funcionan como pegamento para la psique, y dejar de repetir creencias erróneas. Entonces, puede surgir el reconocimiento de que todos esos pensamientos, emociones y sensaciones no equivalen al «yo» de ninguna manera.

Si persistimos en esto y seguimos descartando lo falso, lo que queda es la Paz no-comprensible del Ser.

–SE DICE QUE «NO HAY MUNDO Y NADA NUNCA SUCEDIÓ». ¿QUÉ TIENE QUE VER ESO CON LA AUTORREALIZACIÓN?

Nocionalmente, la conciencia tiene dos estados: Manifestado y No-manifestado. Pero son concurrentes y no separados. No son dos. No hay división o movimiento entre ellos.

Dentro de este paradigma, todo lo que puede ser experimentado, incluyendo pensamientos, emociones y percepciones de cualquier tipo en cualquier dimensión, física y más allá, se llama lo Manifestado.

Como lo No-manifestado, la Conciencia es potencialidad pura y por lo tanto puede decirse que es la fuente de lo Manifestado. Es adimensional, por lo tanto, atemporal y sin espacio. Así, no hay mundo, y nada nunca sucedió, está sucediendo o sucederá. Es la quietud perfecta siempre presente, rebosante de vida.

Esta es una descripción de cómo son las cosas ahora y en todo momento. La Conciencia «es».

 No seremos libres cuando «no haya mundo, y nada nunca haya sucedido». Eso es un malentendido. Es el intelecto proyectando. Basta de proyecciones. Deja ir estas ideas.

Tenemos que discernir cuándo el ego está jugando trucos y usando ideas espirituales como estas para proyectar felicidad «fuera de la manifestación», «fuera del sueño», «más allá», o en el «cielo», como si la Manifestación fuera un problema en sí misma. Y para resolver ese problema, abandonaríamos e iríamos a lo No-manifestado. Eso es imaginación y exceso de intelectualización, y probablemente es una señal de depresión o aburrimiento.

Es mejor reconocer que uno está infeliz y enfocarse en estudiar la psique y el ego más a fondo.

Tenemos que ser conscientes de dónde vienen los pensamientos en nuestras personalidades. Usa la herramienta correcta para el problema que enfrentamos y deja lo No-manifestado y lo Manifestado en paz.

−¿QUÉ ES EL SENTIDO «YO SOY»?

Puede que hayas tenido la experiencia de despertar por la mañana antes de que tus ojos se abran, y no sabes dónde estás. Solo hay espacio oscuro infinito, pero parece iluminado, y la luz brilla desde «ti». No hay pensamiento, emoción o sensación; no tienes nombre, y no eres nadie.

La conciencia de «existir». Eso es el «Yo Soy». El único conocimiento que está presente es el conocimiento de que eres. No se conoce conceptualmente, sino directamente en la Conciencia como Conciencia Pura manifestada.

«Yo Soy» es la semilla del mundo. Es el principio Creativo manifestado. Es la Conciencia Cristo o Hijo de Dios. La Creación del Creador. Manifestación de lo No-manifestado.

Metafísicamente hablando, el espacio aparece primero en la Creación, seguido por el elemento Fuego: luz. Hágase la luz.

Después de eso, los pensamientos e imágenes surgen en la mente—incluso antes de que los ojos se abran—. La imaginación surge. Ese es el elemento Aire. Surge después del Fuego. Así, el mundo aparece capa por capa.

Luego, aparecen las emociones —el elemento Agua—. Los recuerdos y conexiones emocionales comienzan a agitarse. Después de las emociones, las sensaciones y el cuerpo se sienten, así surge la conciencia del mundo físico. Ese es el elemento Tierra.

Esa es la cosmología. Este modelo se puede ver representado en muchos diagramas esotéricos tradicionales orientales y occidentales.

Psicológicamente, si el sentido de separación está activo, el sufrimiento psicológico probablemente surge debido a patrones repetidos de pensamiento, sentimiento y sensaciones a lo largo de los años.

Esto crea la impresión de que algo no está del todo bien en la vida —una inquietud sutil, y a menudo no tan sutil—.

La mayoría de las personas entonces entran en un estado donde ya no hay cuestionamiento; solo hay repetición de percepciones erróneas e ideas equivocadas sobre la realidad. Así, el sufrimiento psicológico es inevitable y persistente.

Con la investigación adecuada, podemos empezar a mirar hacia adentro. La Verdad no está oculta. Solo un aspecto particular de la mente está aparentemente oscureciéndola. Una vez que observamos bien lo que está sucediendo, el apego a nuestras visiones erróneas cae naturalmente.

La creencia central errónea está en la veracidad de una entidad separada llamada «yo». «Yo Soy» es una creación real, pero no una entidad separada. Es la Conciencia Pura manifestándose espontáneamente y posteriormente tomando la forma de esta personalidad y cuerpo. La Conciencia Pura no necesita ser salvada, arreglada, evolucionar o ir al paraíso.

«El guerrero espiritual no tiene enemigos externos...
El guerrero espiritual no tiene enemigos internos...
El guerrero espiritual no tiene enemigos...
El guerrero espiritual no está en guerra...
El guerrero espiritual ha encontrado la paz...
El guerrero espiritual no es un guerrero...
El guerrero espiritual está riendo...
El guerrero espiritual es...
El guerrero es...
Espíritu...»

— Narayan

– La Psique –

–¿Qué es el Recuerdo de Sí?

En mi definición, el Recuerdo de Sí es el acto de dirigir la atención a la fuente de la atención.

Un arquero debe saber dónde está el blanco antes de poder disparar la flecha. Debemos saber qué es el Ser antes de que pueda ser recordado. Lógicamente, el Recuerdo de Sí se vuelve efectivo y eficiente después del Despertar, no antes.

Los «estados de presencia» aleatorios que ocurren antes del Despertar son rápidamente reclamados por el ego. «Yo estaba presente», decimos. «Me recordé a mí mismo», decimos.

El estado de presencia ya se ha ido cuando surge el pensamiento «Me estoy recordando a mí mismo». (Por así decirlo, porque realmente no se ha ido. Lo que se han ido son las «vacaciones del ego», ya que el ego está de vuelta haciendo afirmaciones imaginarias sobre el «yo» y la conciencia).

Tras el Despertar, esas afirmaciones pierden todo significado. Se sienten como una mentira. Y lo son. Nadie recuerda al Ser. El Despertar cambia el paradigma de la autorreferencia. No somos lo que creíamos ser todo el tiempo. Por eso el Despertar se llama Despertar.

El Verdadero Ser no puede ser abordado conceptualmente. Puede, como sugiere el término, ser recordado. El acto de recordar parece comenzar en la mente. Pronto, se vuelve claro que el recuerdo se origina más allá de la mente y nunca

realmente deja su origen. Es un milagro silencioso. El Ser jugando el juego de recordar al Ser. El Ser llamando al Ser para ser sí mismo. En el Tarot, esto está representado por la carta «El Juicio».

El término «recordar», aunque lejos de ser literalmente cierto, es apto como un indicador porque implica que el Ser ya «es» y que ya es conocido. Nada nuevo está siendo descubierto o creado. Solo se necesita un ajuste en el ángulo de percepción o flujo de atención para poner fin al sentido de separación.

Si eso sucede, no se necesita más recordar, ya que se vuelve irrevocablemente claro que no hay ser alguno para ser recordado en absoluto, solo Conciencia Pura y Somos Eso —ahora, siempre y en todas partes—.

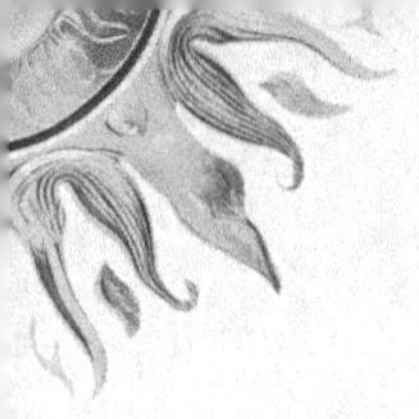

–¿No es volverse consciente el objetivo final de la espiritualidad?

Con respecto a la Realización Espiritual, debemos ver la personalidad en su totalidad. No se pueden dejar detalles sin revisar. Todos los demonios deben salir a la luz. Todo lo que produce sufrimiento debe ser visto —sin excepciones—.

No es cuestión de deshacerse intencionalmente de nada; es cuestión de conciencia. A partir de ahí, todo se resuelve por sí solo. La Conciencia elimina espontáneamente lo que es inútil.

Ser consciente no es el final del camino; es el comienzo del final. El final del camino es perder lo que una vez creímos ser.

–ALGUNAS ENSEÑANZAS NOS EXHORTAN A ESTAR PRESENTES. ¿ES ESO ÚTIL?

¿Qué es lo que está presente? ¿Cuál es la verdadera naturaleza de la Presencia? ¿Cuál es el lugar de la mente en la Presencia? ¿Quién está presente en la Presencia? ¿Dónde está el «yo» en la Presencia? ¿Es el «yo» que luego les dice a nuestros amigos que «yo estaba presente»?

Es bueno tratar de estar presente, pero la investigación tiene que ser más profunda para poner fin al camino y al sufrimiento.

Solo la realización en la experiencia directa de lo que está presente y lo que está ausente en esa Presencia puede abrir la puerta a la liberación de la conciencia de la rueda de la imaginación y el sufrimiento psicológico.

El Presente no es un momento entre el pasado y el futuro

El tiempo juega un papel en la física, en la experiencia y en la manipulación de esta. Pero la física no es el estudio o la búsqueda de la Realidad.

Bueno, algunos científicos pueden estar buscando la Realidad. Aun así, están tomando la ruta escénica porque están tratando de comprender la Conciencia a través de la conceptualización y medición, lo cual no se puede hacer.

Espiritualmente, el tiempo o cualquier otra dimensión nunca existió; por lo tanto, se dice que nada nunca sucedió en la Conciencia Pura. La Verdadera Naturaleza de la Realidad es la adimensionalidad.

La palabra «eternidad» se usa a menudo de manera incorrecta cuando se habla de espiritualidad, porque generalmente implica tiempo infinito para que «yo» experimente.

La Presencia, sin embargo, es Atemporalidad, no un punto presente en el tiempo o puntos infinitos en el tiempo. Cuando ocurre la realización de Quiénes Somos, eso se «entiende» bastante claramente, y es imposible «desentenderlo», al igual que es imposible reinstaurar a Santa Claus como el portador de regalos en Navidad.

Un corolario de ese Entendimiento es que el sufrimiento basado en la necesidad de «yo» en el futuro o en el pasado se vuelve ausente.

–¿PUEDES COMENTAR SOBRE LO QUE SE ENTIENDE POR EL CAMINO DE LA NEGACIÓN?

El camino de la negación es lo que sucede después del Despertar. En el Despertar, la única Cosa que importa se vuelve Conocida. A partir de ese momento, la mayor parte de las cosas que llenaban nuestras mentes en el ámbito de la espiritualidad se vuelve obsoleto y se descarta naturalmente porque muchas ideas espirituales apoyan la búsqueda. Es así de simple.

Después del Despertar, la idea de adquirir algo, como adquirir conciencia, por ejemplo, se vuelve absurda.

En algunas tradiciones, el camino de la negación se refiere como Neti-Neti (No esto, no aquello). Lo que se busca no es nada que pueda ser nombrado o tenga una forma.

En el Tarot de Marsella, ese patrón en el camino espiritual está elocuentemente representado por la carta número 13, que aparece inmediatamente después de la carta que simboliza el Despertar.

Elimina. No esto, no aquello. Lo que se busca no es tu nombre, cuerpo o «mi», no «yo», no Buda, no nadie, no nada. No tu imagen de ti mismo.

Después del Despertar, la eliminación es el enfoque. El logro o la adquisición es imaginación o entretenimiento. El obstáculo final y único para la Realización Espiritual es la imaginación. Entonces, una forma particular de imaginación tiene que ser eventualmente eliminada. El «yo liberado» es una imagen, una proyección.

–¿La Realización Espiritual es felicidad?

Sí, siempre y cuando no estés sufriendo por un cálculo renal,
no tengas alguna enfermedad debilitante, un ser querido no
haya muerto recientemente, tengas seguridad financiera y un
grupo de apoyo, vivas rodeado de naturaleza o belleza, no estés
en prisión, no estés sin hogar, no vivas en una zona de guerra,
o seas un santo. De lo contrario, la Realización Espiritual
es infelicidad.

Esto es un poco en broma. La palabra «felicidad» está muy sesgada.
El grado de dualismo emocional y sensorial asociado a ella es
enorme. No me gusta mucho usarla para señalar lo que es No-dual.

Uno de los obstáculos comunes durante la búsqueda es el deseo
o anhelo de un estado de placer permanente. No importa si el
placer es sexo, café o un estado místico de unión con lo que sea
que imaginemos que Dios es. No es posible.

Esa ingenuidad muere con la muerte del sentido de separación.

De cierta manera la vida se vuelve cruda. Disfrutas la brisa suave
y el sol, y eres barrido y aplastado por una tormenta y todo lo
demás entre estos extremos.

La felicidad que surge de la no compulsión por satisfacer
deseos es diferente de la felicidad que surge de satisfacer deseos
o evitar el dolor.

–¿ESTÁS DICIENDO QUE LLEGASTE AL FINAL DEL CAMINO ESPIRITUAL?

Hubo un capítulo en mi vida llamado «un camino», pero nadie lo recorrió. Eso no es una analogía. Es literal.

En mi definición, la Realización Espiritual es la eliminación de la falsa creencia en la existencia de una entidad separada llamada «yo» que habría dejado la Fuente y llegaría a algún lugar y encontraría la felicidad.

La Felicidad buscada se puede encontrar, pero no de la manera que imaginábamos. Es Simplicidad, Normalidad y Tranquilidad, la misma simplicidad presente en un niño de tres años.

La eliminación del sentido de separación es lo que se quiere decir con el dicho: «Para entrar en el reino de los cielos, debemos volvernos como niños pequeños».

Sin embargo, la psique continúa aprendiendo, desaprendiendo, adaptándose, deseando, creando, etc., tanto en forma física como fuera de ella. Eso está en la naturaleza misma de la conciencia humana, así que hay un camino de lo que podría llamarse evolución en el tiempo.

Algunos se refieren al camino de la evolución como el camino espiritual. Yo no. La experiencia de la individualidad evoca ese concepto para describir la percepción del tiempo, el aprendizaje, la maestría, el logro y la creación.

Mientras que la experiencia del tiempo está incorporada en la búsqueda espiritual, la Realización Espiritual trasciende el tiempo o el logro.

El miedo está en el corazón de la falsa personalidad

Es la madre de todas las emociones negativas egocéntricas. Si el miedo no es visto y comprendido clara, profunda y sinceramente, la falsa personalidad permanece activa y en primer plano. No hay libertad allí. Estamos atrapados entre el infierno y el purgatorio.

El dominio de la falsa personalidad puede deberse a muchas razones y no debe juzgarse a la ligera. Pero buscar la Iluminación o simplemente anhelar la libertad sin escudriñar la mente es inútil e ingenuo. El tiempo es limitado; aprovéchalo o piérdelo.

El miedo está intrínsecamente ligado a la raíz del sufrimiento. Tener una comprensión clara del miedo usando un sistema objetivamente preciso de delineación psicológica es extremadamente útil. Puede ser muy eficaz para neutralizar la falsa personalidad y el sufrimiento inútil que produce.

Sin esta neutralización, cualquier paz que surja del Despertar o la Realización Espiritual está destinada a permanecer inestable o simplemente insatisfecha.

–¿CÓMO VES EL TRAUMA EN RELACIÓN CON LA REALIZACIÓN ESPIRITUAL?

El trauma inconsciente o los eventos kármicos deben ser traídos a la luz de la conciencia para una asimilación consciente. El proceso en sí es diferente para diferentes personas y diferentes eventos.

La asimilación podría tomar un minuto de llanto, meses de psicoterapia, o una sesión de Ayahuasca. No importa. Lo que importa es que si las cosas permanecen en la oscuridad, seguirán causando sufrimiento inconsciente hasta que sean procesadas correctamente con claridad, compasión y todo el perdón necesario.

Esto se aplica al trauma que sufrimos y al que causamos a otros, ya que tanto la culpa como el culpar a los demás son obstáculos definitivos para la Realización Espiritual.

Si sabemos que tenemos una herida en el fondo de nuestras mentes, no tiene sentido sentarse y esperar. Es sabio buscar métodos para tomar conciencia de lo que sucedió en el pasado hasta cierto grado y procesarlo conscientemente.

El dolor genuino experimentado inconscientemente produce sufrimiento innecesario, que eventualmente acaba calcificándose en la personalidad. La salida de ese agujero psíquico es a través de la luz.

LA FALSA PERSONALIDAD ES AQUELLA PARTE DE NUESTRO EGO QUE, CUANDO ESTÁ ACTIVA, PRODUCE SUFRIMIENTO PSICOLÓGICO

La falsa personalidad se manifiesta a través de siete patrones conocidos y discernibles de miedo. Es útil conocer cuáles patrones son nuestros medios favoritos de crear sufrimiento. Estos patrones forman los principales obstáculos para vivir en paz, sin miedo y libres de falsas expectativas.

Los siguientes términos son tomados del Sistema de «Overleaves» de las Enseñanzas de Michael. En ese sistema, se refieren a ellos como los «rasgos principales» de la falsa personalidad.

TERQUEDAD

Miedo al cambio, miedo a la inestabilidad, testarudez, obstinación, rigidez, dificultad para aceptar lo nuevo y cambiar de opinión. Inquietud debida a personas o situaciones de vida imprevisibles que provocan cambios.

IMPACIENCIA

Miedo a perder oportunidades. Miedo a la falta de tiempo. Intentos de realizar más actividades de las que son posibles o sensatas en el tiempo asignado. Prisa. Intolerancia. Irritación. Ansiedad.

MARTIRIO

Miedo a ser oprimido. Búsqueda de situaciones donde es probable que ocurra la victimización. Autosacrificio sin sentido. Queja excesiva. Sentirse victimizado. Alguien o el universo está «siempre en contra de mí». ¿Por qué siempre me pasa esto a mí?

ARROGANCIA

Miedo a ser juzgado y condenado. Búsqueda de situaciones donde es probable que ocurra el juicio. Timidez. Intento extremo de no cometer errores. Ocultarse. Miedo a ser malinterpretado.

AUTODEPRECIACIÓN

Miedo a ser inadecuado. Miedo al conflicto y a no poder complacer. Aquiescencia. Decir sí cuando en realidad se quiere decir no. Baja autoestima, Autodegradación. Sentimientos de indignidad. Inacción.

CODICIA

Miedo a la carencia y a la pérdida. Acumulación de conocimiento, bienes, dinero o experiencias más allá de la utilidad. Tacañería. Acaparamiento. Gula. Nunca se tiene suficiente. Insatisfacción.

AUTODESTRUCCIÓN

Miedo a perder o no tener control. Búsqueda de situaciones de peligro, desafíos o gran dificultad. Desprecio y desdén por la vida. Adicciones de todo tipo.

–Me siento inquieto la mayor parte del tiempo...

Dejando de lado los problemas neurológicos o el exceso de cafeína, si la inquietud persiste, probablemente significa que la falsa personalidad no ha sido completamente vista y reconocida. Una parte de la psique quiere libertad; otra parte quiere esconderse y seguir sufriendo.

En otras palabras, ciertos patrones mentales-emocionales temerosos todavía se activan y dirigen el espectáculo. Esas partes del ego se justifican inconscientemente en nuestros pensamientos basados únicamente en algún miedo sutil que permanece activo y desconocido.

Los siete patrones de miedo se han conocido durante milenios. Encuentra los tuyos. No podemos eludir la psicología porque la psique expresa sabiduría, amor y belleza. Si la psique está agobiada por el miedo, no puede expresar esto.

La idea no es deshacerse del miedo, sino reconocerlo por lo que es y ver si está justificado. El miedo en la falsa personalidad se basa en la imaginación. Cuando se ve, se disuelve.

La introspección, la meditación y el análisis pueden usarse para escudriñar la personalidad y determinar qué es verdadero y falso en su funcionamiento.

–Algunos dicen que no hay nada que hacer con respecto a la Iluminación...

Si hay duda sobre si algo necesita hacerse, entonces algo puede hacerse porque la búsqueda está activa.

Así que se da el indicador sobre el «hacedor», no sobre el «hacer». ¿Dónde está el hacedor? Una simple pregunta para invitar a la introspección. ¿De dónde surge el hacer? Punto. Nada más que eso.

Realizar introspección es «hacer algo». No realizar introspección es hacer otra cosa. Hay mucho hacer. Pero ¿dónde está el hacedor?

Si surge la realización de que no hay un hacedor separado, eso es una bendición porque se notará que el sufrimiento innecesario está ausente en la realidad de la Conciencia Pura.

Toma la culpa, por ejemplo. Sentir remordimiento por portarse mal es saludable. Así es como los humanos aprenden. Pero la culpa implica apego a ser una entidad separada y añade una capa de sufrimiento innecesario.

La persona que se siente culpable sufre significativamente por la incapacidad de cambiar sus sentimientos. La realización de que no hay hacedor disuelve ese sufrimiento en el acto.

A partir de entonces, desde el punto de vista del testimonio impersonal, si la falsa personalidad levanta la cabeza, se percibe como una nube que pasa y no como algo que debe ser eliminado.

LO BÁSICO

Cuida del cuerpo y las necesidades físicas. De lo contrario, puede ser difícil discernir entre sufrimiento real e imaginario.

Sé creativo y materializa esa creatividad. Eso incluye encontrar soluciones a problemas. O de lo contrario, uno puede volverse susceptible a la depresión y al rechazo de la vida.

Encuentra herramientas y métodos para descubrir y procesar traumas pasados. Eso incluye discernimiento y conciencia del trauma en aquellos con quienes compartes tu vida, ya que influirán en ti. Interactúa con personas sanas y sensibles y exponles tu vida interior a ellas, ya que eso proporcionará perspectiva y apoyo.

Obtén y usa conocimiento correcto sobre el funcionamiento de la psique. Aprovecha el potencial de la mente para descubrir lo que es falso y su potencial para dirigir la atención hacia lo que es Verdadero. Porque el conocimiento confuso, el exceso de teoría o la creencia desmesurada mantienen a la mente girando en círculos sin lograr resolución a las preguntas más profundas.

Observa todo sin juicio ni expectativa, y no exijas perfección, porque exigir perfección es un mal uso del intelecto. Si hay juicio o expectativa, observa el juicio y la expectativa.

En los momentos en que el sufrimiento se disipa, da libremente a ti mismo y a los demás, porque ese es el trabajo natural y legítimo de la mente, el corazón y el cuerpo, pero principalmente del corazón. Nuevamente, sin expectativa. Y si hay expectativa, obsérvala.

El resto se cuidará solo, y uno puede descubrir que no hay Nada Mal
y que la Libertad que uno busca está impregnando la vida diaria.

–¿Preparamos la casa para la llegada del Maestro?

Sí, esa es una buena analogía con una advertencia, como debe ser el caso con todas las analogías.

La casa es la personalidad y el cuerpo. La llegada del Maestro es el evento de la Realización de nuestra Verdadera Naturaleza. Si la casa está en buenas condiciones, el Maestro puede quedarse y vivir allí. De lo contrario, el Maestro no puede.

En primer lugar, deben abordarse las necesidades físicas básicas y la estabilidad. Luego, debe haber suficiente madurez y fuerza psicológica, es decir, debes estar suficientemente libre de falsas creencias, falsas ideas (imaginación) y emociones negativas, y debe estar presente un grado de desapego.

Entonces, si ocurre el Despertar y la casa está limpia, el Maestro puede permanecer. Si la personalidad está «sucia», la Verdad del Despertar no perdurará. El Maestro se irá. Ocurre como con las superficies que no se pegan si hay polvo o suciedad entre ellas.

Es común que ocurra un Despertar antes de que se establezca la Realización Espiritual. Es un vislumbre para el buscador.

El Despertar revela lo que el buscador está buscando. Hasta entonces, todo el trabajo se hacía en la oscuridad, con base en metas espirituales idealizadas para un «yo» que, en primer lugar, nunca existió.

Si la personalidad aún está desequilibrada, el Vislumbre permanece como un recuerdo, y entonces se requiere más trabajo hasta que la personalidad esté lo suficientemente limpia. Entonces, puede ocurrir la Realización Espiritual.

Después del Vislumbre, el proceso de eliminación y limpieza se vuelve una prioridad, impulsado por el deseo del buscador de ver el proceso hasta el final.

La advertencia de la analogía es que la «llegada del Maestro» no es algo que suceda en el futuro. Ningún Maestro llega. Ningún «yo» real llega. Lo Real nunca se fue a ninguna parte, y tú nunca estuviste separado de Ello. Esa es la limitación de la analogía.

Debido a la naturaleza misma de la mente y la identificación, el buscador inevitablemente proyectará la liberación en el futuro. Después de todo, el sufrimiento está presente y no desaparece, así que debemos esperar y proyectar que, en algún momento, no estará ahí. Pero esa perspectiva puede cambiar.

Lo Que Se Busca está aquí y ahora. Siempre y en todas partes. Esa es la clave de todo el drama.

–¿QUÉ QUIERES DECIR CON AMOR, VERDAD Y BELLEZA?

Cuando la mente está estable y libre de la inquietud inducida por el tiempo, no hay rechazo a lo que está ocurriendo en el aquí y el ahora; hay una profunda aceptación o acogida a Lo Que Es, por lo tanto, amor.

Al darnos cuenta de Quiénes Somos, la Verdadera Naturaleza del universo también se conoce —e sabe que no es diferente ni está separada de Lo Que Yo Soy: Conciencia, por lo tanto, la verdad—.

Cuando la mente no se está resistiendo a lo que está en el momento, crea espontáneamente alegría y comparte alegría, por lo tanto, hay belleza.

Tal trinidad corresponde a la operación natural de los tres centros de los seres sintientes: emocional, intelectual y físico.

Una persona normal vive en amor, verdad y belleza. En el Tarot, esto está representado por la carta «El Mundo».

–TODO ESTO PARECE UN CONCEPTO. NO HACE DIFERENCIA SI PIENSO EN MÍ MISMO COMO CONCIENCIA O NO. EL SUFRIMIENTO PERMANECE

Ciertamente todo es conceptual. Sin embargo, los conceptos apuntan más allá de lo conceptual, con la esperanza de que nuestra mirada se dirija en esa dirección.

No todos los pensamientos son iguales. Algunos pensamientos apoyan el sentido de separación del ego. Algunos pensamientos invitan a la Verdad y son un reflejo de la Verdad.

El ego fue condicionado a pensar que somos el cuerpo y la personalidad. Esa es una suposición profundamente arraigada que la mayoría de las personas nunca cuestiona. Y junto con una pesada carga emocional, sostiene el sentido de separación del ego.

Lo que estoy haciendo aquí es ofrecer conceptos que estimulan el cuestionamiento de las falsedades profundas que llevamos en nuestras psiques.

En cuanto a si pensar hace una diferencia o no, eso está totalmente fuera de mis manos y de las tuyas. De hecho, entender que está fuera de nuestras manos ya puede impactar significativamente el grado de sufrimiento experimentado. Puede, de hecho, eliminar el sufrimiento porque la impotencia individual es en sí misma una faceta de la Verdad. Y la Verdad nos libera.

John Wheeler me dijo que soy el Cielo y que el ego y el cuerpo son nubes. Escuchar eso tuvo un papel crucial en el Despertar que ocurrió poco después. Y la Verdad señalada entonces sigue siendo la fuente de paz en mi vida diaria.

–Parece que la Iluminación produce claridad sobre la vida...

La claridad es una de las dimensiones manifestadas del Estado Natural. La claridad es Verdad. La Iluminación probablemente no se llamaría Iluminación si no lo fuera.

Pero una vez que ocurre el Despertar o la Iluminación, generalmente comienza un nuevo proceso en la personalidad. La Iluminación rara vez sucede y somos libres del sufrimiento de una sola vez. Se necesita un proceso de eliminación, curación y reeducación.

Aunque la claridad mental y la elocuencia no son sinónimos de Iluminación, la claridad de pensamiento es un activo en los procesos antes y después de la Iluminación.

—«Hasta que ocurra la realización final...».

El concepto de realización final mantiene al buscador buscando y atado al tiempo en lugar de mirar al presente para lo que importa. Es un callejón sin salida mental. No promueve la claridad en absoluto.

No puedes pensar en una realización final, pensar que eres un buscador y realizar la Indagación simultáneamente. O alimentas la búsqueda pensando «No estás ahí» y «Algún día te darás cuenta», o diriges tu atención a Nuestra Verdadera Naturaleza ahora mismo.

Si eso se vuelve imposible, debemos retroceder y mirar más de cerca la falsa personalidad porque ciertas cosas aún están inconscientes. No hay misterio. Todos estos son patrones conocidos.

La falsa personalidad tiene ideas sobre lo que son el Despertar y la Realización Espiritual, y esas ideas están construidas sobre los miedos de la falsa personalidad. Así que proyecta esos miedos en el evento o estado de Iluminación o Realización. Tenemos que ver y entender nuestros miedos imaginarios para que puedan ser descartados. No hay atajos.

—O simplemente dejamos ir todo eso...

¡Bueno, eso sería un atajo! La pregunta permanece: ¿puedes hacer eso por elección y voluntad?

Si dejar ir sucede, ¡genial! Vamos a hacer una fiesta en lugar de hablar de estas cosas... Si eso no ocurre, mirar y escudriñar la mente puede ser muy efectivo. La mente está equipada para deshacer su autosabotaje.

Algunos pensamientos alimentan la falsa personalidad; otros son neutrales, y otros ayudan en la Indagación e investigación. Algún grado de discriminación debe estar presente para discernir. Es ahí donde la claridad mental es útil y necesaria.

–¿No puede el ego aprender a comportarse de manera saludable?

Aprendió a comportarse mal en el pasado. Si el deseo y las condiciones están presentes, ciertamente puede recibir una nueva y más sabia educación. Afortunadamente.

Cuando vemos claramente que no somos la imagen que fuimos programados a creer que somos y vemos el cuerpo por lo que realmente es —una percepción o experiencia presente—el ego natural y espontáneamente comienza a operar de manera más saludable, en la medida en que se erradican las falsas creencias y ya no se siguen. Ciertos estímulos se eliminan, por lo que ciertas respuestas también.

Concéntrate en reconocer lo que es falso y eliminar lo que es inútil, y todo lo demás caerá en su lugar con gracia.

Sin embargo, no esperes perfección. La noción de que nos volveremos tan dulces como la miel, maestros de nuestros pensamientos y emociones, o nos volveremos como Buda o quien sea que hayamos elevado a un pedestal espiritual puede ser inspiradora, pero en última instancia, está espiritualmente equivocada. Cierto número de personas pueden realmente comportarse como la madre Teresa porque eso es en lo que sus almas y personalidades están sintonizadas. Para otros, este no es el caso.

Cada personalidad está programada de manera única en términos de rasgos y profundidad. Además, cada alma es única y tiene su enfoque, atributos, historia y edad, moldeados a través de

muchas vidas físicas. Aunque lo que nos une a todos es Uno, cada individuo manifiesta la Realización Espiritual de manera diferente.

Buda fue la encarnación de un alma tan antigua que su manifestación es incomprensible para nosotros. Su manifestación consciente va mucho más allá del reino físico. Si lo conociéramos, percibiríamos solo una fracción de su ser.

Para algunas personas, ciertos rasgos desagradables son erradicados. Para otras, se perciben como nubes pasajeras. La Paz de la Aceptación Total que surge del Estado Natural significa aceptación total de la experiencia en el momento presente. No se requiere proyección ni perfección.

–¿ES ÚTIL LA ORACIÓN?

Si no atas tu camello y se escapa, y luego rezas por su recuperación, bien puedes recuperar tu camello. Pero si ignoras tu negligencia, no ganarás nada sustancial. Es probable que pierdas tu camello de nuevo.

Supongamos que rezas por la liberación del sufrimiento, pero permaneces inconsciente de tu autosabotaje y justificas todo tipo de ideas falsas, teorías, creencias y emociones negativas egocéntricas. En ese caso, la oración es inútil e incluso puede ser contraproducente. Ningún dios te dará paz si el diablo corre libre en tu jardín desatendido.

La oración puede usarse como un tipo de meditación. Enfocas tu atención en una idea e intentas extraer la Sabiduría detrás de ella. El Recuerdo de Sí o la Autoindagación es una de esas prácticas.

Toma la primera línea de la oración de san Francisco, por ejemplo: «Señor, hazme un instrumento de Tu paz».

Concéntrate en la paz, y si se revela, la oración habrá funcionado en su nivel más profundo. Si se Conoce la Paz del Señor, se Conoce el Ser. Todo apunta a la misma Cosa. Invita al Despertar.

—Pero en el lenguaje de estas oraciones, ¡hay una separación entre Dios y yo!

Estas oraciones pueden ser útiles antes del Despertar. Después, no tienen sentido porque la experiencia confirma que no hay separación.

Es lo mismo con los poetas místicos. Dicen: «No vuelvas a dormir» y «el Amigo». Bueno, Tú nunca estuviste despierto y nunca dormido, y no hay «Amigo» separado.

Con el Despertar, se sabe por experiencia directa que no hay un yo aquí y un «Amigo» allá. Así que las oraciones y exaltaciones a Dios se vuelven sin sentido y se descartan naturalmente. Ese proceso da lugar a una relación más profunda con la Divinidad, que culmina en cualquier momento con la Disolución de tal relación.

—«Y es muriendo que nacemos a la vida eterna». Supongo que eso se refiere a la muerte del ego.

Eso se refiere a la disolución del sentido de separación. Esa manifestación del ego cesa y, por lo tanto, el Ser Eterno se hace evidente.

La noción de morir hacia la vida eterna después de la muerte física, que prevalece en ciertas religiones, es una fantástica malinterpretación y distorsión de enseñanzas espirituales que alguna vez fueron genuinas.

La Realización Espiritual no tiene relación con la muerte del cuerpo físico. Se relaciona, o es igual a, la muerte del sentido de separación. Nada más.

–¿ES ÚTIL LA MEDITACIÓN?

¿Qué es la meditación? Es pasar tiempo prestando atención a algo o algún proceso.

La meditación para indagar quién experimenta los estados, es decir, el Sujeto de la experiencia, puede llevar al Despertar, lo que significa la revelación de paz ininterrumpida más allá del péndulo, sin compulsión por experimentar o buscar este o aquel estado.

La meditación, o «prestar atención», es vital en la observación y análisis de la psique y en la eliminación de lo que es inútil y dañino.

Hay evidencia de que la meditación puede ser útil para otros propósitos también. Depende de lo que uno quiera y del grado de comprensión de cada uno.

–LA CIENCIA ENTENDERÁ LA CONCIENCIA ALGÚN DÍA...

La ciencia entenderá las dimensiones de la conciencia manifestada, la explorará y expandirá, y creará cosas y experiencias increíbles. Eso incluye crear soluciones para el cuerpo y la mente para promover el bienestar.

La ciencia no entenderá la Conciencia Pura o la Fuente de la Manifestación. Esto no es porque la ciencia sea de alguna manera defectuosa o porque los individuos dedicados a la ciencia carezcan de intención o habilidad, sino porque simplemente no aplica; son manzanas y naranjas.

Dicho esto, la palabra «conciencia» tiene diferentes significados dependiendo del contexto en el que se usa.

En cuanto al significado de Conciencia como una búsqueda espiritual, la única cosa que importa es el cese del sufrimiento innecesario, en lo que a mí respecta.

La ciencia de la psicología puede ayudar con eso. Los diferentes procesos abordados por la psicología y su relación con la espiritualidad están elocuentemente descritos en el Tarot de Marsella, y los patrones de sufrimiento innecesario están nítidamente delineados en el Sistema de «Overleaves» de las Enseñanzas de Michael.

–¿Es necesario un maestro para lograr la Realización Espiritual?

No existen reglas. Un maestro en forma de una persona es solo una de muchas posibilidades.

Una persona que funge como un maestro puede proporcionar una articulación intelectual consistente y una resonancia emocional. La interacción humana es especial debido a la empatía. El maestro ha vivido el sufrimiento que el buscador está experimentando. En el caso de la Realización Espiritual, el maestro entiende por experiencia directa cómo ocurre el fin del sufrimiento.

—¿Qué otras posibilidades existen?

Esto depende del enfoque, de la profundidad y la amplitud de conciencia de la que estamos dotados, y de nuestra capacidad para discernir los mensajes. El tarot, la conexión telepática con guías, la canalización, los libros, videos y audios son todos posibles maestros.

Si el Despertar ya ha ocurrido, uno sabe «hacia dónde va», por lo que la ayuda llegará para conducirlo hacia la culminación del proceso de disolución de la falsedad.

Si no ha ocurrido, los indicadores nos mostrarán lo que debemos ver para fortalecer nuestra verdadera personalidad y prepararnos para el Despertar.

Nuestro esposo o esposa puede ser un maestro. Un amigo, el mendigo en la calle, el cajero del supermercado, nuestra mascota, el cielo, una flor, el derrame de aceite en el pavimento, cualquier cosa, persona o situación nos puede aportar una enseñanza.

Mientras menos estemos expuestos al miedo egocéntrico, los maestros poderosos se tornarán más disponibles.

Ser consciente en sí es un maestro. Al estar en un estado de suficiente sensibilidad, todo puede enseñarnos algo en cualquier momento.

Leí en algún lugar que el sabio Milarepa le dio una respuesta interesante a esta pregunta. Él dijo: «Tengo veintiocho maestros, incluidos los cuatro elementos».

Eso significa que él estaba en un estado tal de no involucramiento con el ego que cualquier cosa en su vida le señalaba el camino, y él podía percibirlo.

En las últimas etapas del camino espiritual, no hay jerarquías. Tanto el Maestro como el estudiante son básicamente iguales. Solo hay una diferencia y esta radica en el hecho de que uno sufre innecesariamente y el otro no. Así que, el que no está sufriendo hace lo que puede para ayudar al otro.

–No hay pruebas de nada espiritual, solo creencias

Estoy de acuerdo en parte. La esencia del Espíritu no es ninguna «cosa»; por lo tanto, no puede ser medida, demostrada o probada.

Al considerar el Espíritu, el único verbo que puede acercarse a él es el verbo ser. Esta perspectiva tiene el potencial de eludir la mente conceptual y te da una oportunidad de «darte cuenta» directamente de la Verdadera Naturaleza del Espíritu. De lo contrario, la idea del Espíritu, o el Estado Natural, es un mero concepto vacío.

En el momento en que convertimos el Espíritu o el Estado Natural en un concepto, nos separamos de él en nuestras mentes. Esa imaginación fundamental mantiene al buscador buscando y se disuelve cuando ocurre la Realización. La Realización Espiritual no es una comprensión conceptual. El buscador más avanzado requiere un enfoque diferente, un tipo específico de indagación.

En cuanto a las creencias, el Espíritu está siempre presente y «accesible». Por lo tanto, para algunas personas, el Espíritu no es una creencia o un mero concepto. En la Realización, todas nuestras creencias previas sobre quiénes somos desaparecen. Nos vemos a nosotros mismos por lo que somos y a los demás por lo que son —no meramente la personalidad, ni siquiera un alma, sino Espíritu—.

Este no es algún estado grandioso; es el Estado Natural de un ser humano —un niño de tres años vive así—. Nuestras mentes simplemente se han llenado de ideas erróneas y emociones negativas en el curso de nuestra «educación» y condicionamiento en la vida, de modo que hemos perdido de vista lo que es Natural y, por lo tanto, hemos perdido la tranquilidad que el Estado Natural implica.

–¡Dime por qué la Unidad Consciente tiene algún valor para la vida en la Tierra!

Si por Unidad Consciente te refieres a una mera idea sin ninguna referencia a un estado subyacente, genuino y benevolente del ser, o alguna cualidad tangible que sabes que es valiosa, entonces sería bastante inútil.

Pero si usamos el término de la manera en que lo estoy usando, entonces lo que estoy llamando «Espíritu» o el Estado Natural es la fuente de sabiduría inquebrantable, paz, compasión y belleza para uno mismo, en primer lugar. Luego, irradia silenciosamente esas cualidades a cualquiera con quien entres en contacto —tu familia, amigos y el mundo entero—.

Tú me dices qué valor tiene eso en un planeta dominado por una especie como la nuestra, que es sufriente, inmadura y destructiva.

«El sentido de separación es la raíz del sufrimiento psicológico. La raíz del sufrimiento psicológico no es la falta de dinero, tiempo, amigos, atención, café, sexo, conocimiento, experiencias de conciencia superior, vida eterna, o cualquier otra cosa».

– Metafísica –

Distinciones entre Espiritualidad, Metafísica y Psicología

Mis definiciones son las siguientes:

La Espiritualidad es la búsqueda del Espíritu o el Estado Natural. A través de la realización del Espíritu, la ignorancia y el sufrimiento terminan. El Estado Natural no evoluciona ni cambia, pero es la fuente de todo cambio y paz interior inmutable.

La Metafísica es el estudio y experiencia de las múltiples realidades que la mente humana puede experimentar. Hay muchos niveles dentro de la metafísica. El alma es un cuerpo metafísico y el vehículo de experiencia y expresión dentro de las manifestaciones físicas y metafísicas cuando se crea un cuerpo físico. El alma evoluciona y cambia; así, se dice que el objetivo del alma es experimentar, aprender, crear y evolucionar.

La Psicología es el estudio de la personalidad humana y sus componentes y funciones. Para el propósito del trabajo psicológico espiritual, la parte de la mente que requiere atención especial es la mentira, las ideas erróneas, las creencias erróneas y las emociones negativas que surgen de ellas —el estudio de la falsa personalidad—.

Aunque no es una regla estricta, es común que los buscadores espirituales se interesen y se involucren activamente con la metafísica en su camino espiritual.

Una vez que el buscador experimenta los placeres y el poder de las realidades metafísicas mientras está en el plano físico, a menudo desea volver «allí» después de bajar de ese estado elevado.

En torno a esa experiencia, suele surgir y predicarse la creencia de que la Realización Espiritual es igual a una experiencia metafísica que se debe encontrar en un estado superior de conciencia.

Esto puede convertirse en una creencia falsa significativa que el buscador experimenta en su camino y convertirse en un desvío o en un callejón sin salida.

También puede suceder que una visión genuina del Estado Natural sea mal interpretada, dando lugar a la falsa creencia de que es algo que «yo» puedo lograr.

–¿QUÉ QUIERES DECIR CON CIELO, INFIERNO Y PURGATORIO?

Estos son símbolos esotéricos. El infierno es el estado donde la falsa personalidad está activa y dirige nuestras vidas. Es un estado lleno de sufrimiento psicológico, miedo, malestar e inquietud.

El cielo es nuestro estado natural de paz y aceptación absoluta.

El purgatorio es el proceso mental-emocional por el que pasamos en el camino del infierno al cielo; puede tomar la forma de «trabajo espiritual/psicológico».

El Tarot de Marsella describe ese proceso y proporciona ideas sobre a qué prestar atención en cada paso del camino.

Algunas enseñanzas psicológicas mencionan el cielo o el paraíso y afirman que llegarás allí algún día. Eso puede ser alentador al principio del camino para reunir fuerzas.

Sin embargo, no llegarás allí. No hay un «tú» que llegue a ninguna parte. Y el cielo no está «allá»; tampoco está «aquí». Es Omnipresencia, tal como la enseñanza original de Jesús afirma.

El cielo no es el estado en el que «nosotros» estamos presentes. Tal idea perpetúa la noción de un yo que está no iluminado o dormido y puede despertar o iluminarse. Todo es nocional.

El cielo no son fuegos artificiales, emoción, poderes metafísicos, visiones o encuentros con ángeles; no son centros superiores.

El cielo es la calma del Ser. Es un estado del ser en el que la implicación con una imagen de sí mismo y sus miedos está ausente.

El cielo es Conciencia sin ninguna calificación. Y nada ni nadie existe aparte de ello. No es un estado especial. Es la Simplicidad absoluta; por lo tanto, también se le llama el Estado Natural.

Centros Superiores

—«Las funciones inferiores tienen un aspecto dual de positivo y negativo. Los centros emocionales superiores y los centros intelectuales superiores no tienen esa dualidad».

La «no-dualidad» de los centros superiores es una «no-dualidad relativa» y aún es parte de la Dualidad. La Dualidad son las «diez mil cosas». La manifestación. El universo. Sujeto-objeto. Percibidor-percibido. Experiencia.

Estamos mezclando diferentes conceptos de diferentes tradiciones mientras usamos el mismo término. Estas tradiciones describen diferentes modelos, y no son intercambiables.

El término «No-dualidad» significa algo diferente en las enseñanzas de No-Dualidad en comparación con las enseñanzas orientadas metafísicamente.

La Dualidad existe en todos los planos y en todos los centros. La «Verdad No-Dual», como la exponen Buda, Lao Tse, Jesús, Nisargadatta, Ramana y muchos otros, no tiene relación con planos de existencia o con centros superiores o inferiores. La realización de lo que trasciende esos «centros» y la multitud de experiencias que proporcionan es igual a la Verdad No-Dual.

Los planos de existencia son Dualidad. La evolución y ascensión del alma son Dualidad. Cualquier experiencia o percepción, superior o inferior, es Dualidad.

La Realización de la No-Dualidad no depende de los centros superiores y siempre está disponible y presente.

–Cuando te refieres al Espíritu, ¿estás hablando del alma?

No. El alma es algo asociado con el «yo». El Espíritu está más allá de cualquier tipo de «yo», ya sea físico o metafísico.

En mi definición, la Realización Espiritual no es la creación, salvación, mejora o evolución del alma.

La Realización Espiritual es la Realización de lo que somos: Espíritu o Conciencia Pura.

Se necesita tiempo para que el alma evolucione. Un alma es un objeto en la dualidad, al igual que el cuerpo físico.

La Realización Espiritual es Atemporalidad. El Espíritu es no-dual.

La Realización Espiritual es igual a la eliminación de una falsa creencia. Esa creencia es que somos un cuerpo, una personalidad o un alma.

No nos convertimos en Espíritu o volvemos al Espíritu. Somos Espíritu; simplemente hemos estado confundidos hasta que ocurre la Realización.

–¿NO ESTÁ EL ALMA EN UN CAMINO A TRAVÉS DE MUCHAS VIDAS Y EVOLUCIONA DE ESA MANERA?

Sí, la visión metafísica o la intuición profunda revelan que ese es el caso.

Al igual que el cuerpo y la personalidad cambian y evolucionan a su manera durante esta vida física, el alma, o un cuerpo metafísico, evoluciona a través de múltiples vidas.

Sin embargo, la Realización Espiritual no se preocupa por la evolución del alma. De hecho, tal preocupación puede convertirse en un obstáculo.

Una preocupación por la salvación del «yo», ya sea «mi» personalidad, «mi» cuerpo o «mi» alma, se convierte en un obstáculo por la simple razón de que no existe tal «mi» para ser encontrado, excepto como una experiencia efímera de individualidad.

Así, la preocupación por el futuro del alma fortalece el sentido de separación del ego. No hace nada para poner fin al sufrimiento psicológico, todo lo contrario.

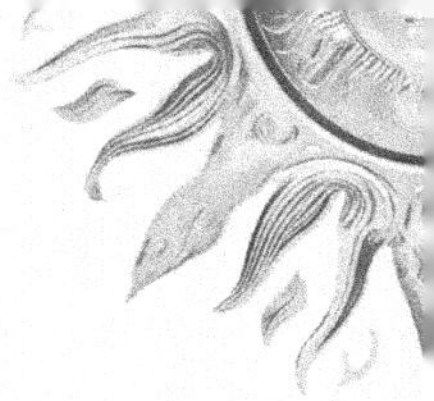

–¿CREAMOS UN ALMA Y LOGRAMOS LA VIDA ETERNA?

El cuerpo permite la experiencia de la vida día a día en el reino físico. El alma permite lo mismo, vida tras vida, alternando entre lo físico y lo astral, un reino metafísico.

La Realización Espiritual, o la Realización y vivir como Quienes Somos, no tiene nada que ver con el cuerpo, el alma o «tú» de ningún tipo. No tiene nada que ver con la física o la metafísica.

Y no está destinada a ser lograda después de atravesar reinos metafísicos; está disponible ahora.

Para el Espíritu, las nociones de nacimiento o muerte no tienen consecuencias. Ha habido muchos, y puede haber unos cuantos más. No hay nadie a quien le importe.

La noción de inmortalidad solo puede resultar atractiva mientras el sentido de separación está en plena vigencia.

¿No sería maravilloso si «yo» viviera para siempre? (¡Preferiblemente sin todos mis malos hábitos y enfermedades!)

Es una búsqueda egocéntrica. El Despertar pone fin a tales metas espirituales imaginarias.

Lo que es eterno, ya lo somos. Podemos dejar el cuerpo, la personalidad y el alma fuera de esto con seguridad.

–¡NADIE PUEDE SABER QUE LA REENCARNACIÓN EXISTE!

Puedes hablar por ti mismo, pero no por todos.

Decir que algo no existe simplemente porque se carece de experiencia o prueba es el pecado de los escépticos. Si no sabemos, simplemente reconocemos que no sabemos. Eso mantiene la mente abierta, y entonces podemos aprender cosas nuevas. En este caso, aprendemos que la manifestación es mucho, mucho más rica de lo que nuestra realidad física limitada demuestra.

Innumerables personas tienen experiencias metafísicas y conocimiento directo. Esto no contradice la Realización de nuestra Verdadera Naturaleza, y aunque la metafísica puede convertirse en una obstrucción en algunos casos, en otros casos, puede ayudar.

Sabes cuántos años tienes, y eres consciente y conocedor de las cosas que has experimentado y los cambios que tu personalidad, carácter y cuerpo han sufrido en esta vida.

De manera similar, hay un aspecto más sutil de nuestra manifestación como individuos con una perspectiva similar de experiencia a través de múltiples vidas. Esta personalidad y este nombre mueren con este cuerpo, pero una «persona» más sutil persiste.

El fin del ciclo de encarnaciones no tiene relación causal con la Realización Espiritual o viceversa. La realización de nuestra Verdadera Naturaleza es independiente y no está relacionada

con esas experiencias, aunque la madurez y la sabiduría ganadas a través del tiempo ciertamente impactan en que ocurran o no en esta vida.

Cuando hablamos de la «madurez del buscador», estamos hablando de la madurez del alma. Es el alma la que está madura, no meramente esta personalidad pasajera. Es una parte mucho más profunda, amplia y sustancial de nuestro ser la que invita y está «madura» para el Despertar y la Realización.

Necesitamos ser un poco observadores para notar que diferentes personas tienen diferentes edades de alma. No hay tiempo en una vida para pasar de ser la persona más ignorante a la más sabia. Si podemos dejar de lado nuestra brújula excesivamente intelectual por un momento, notaremos que esto puede tomarse como evidencia de que nuestras vidas son mucho más largas y ricas que la vida actual.

El enfoque del trabajo espiritual es solo esta vida, o, para ser más específico, solo este momento. ¿Cómo podría ser de otra manera? Esto es todo. Sin embargo, la noción de que solo esta única vida está disponible para permitirnos ir desde la inmadurez hasta el Amor, la Verdad y la Belleza es poco realista, en mi opinión.

EL KARMA ES UN NOMBRE PARA
LA LEY DE «CAUSA Y EFECTO»

Si accionas ese interruptor en la pared (causa), la luz se encenderá (efecto). Eso es todo lo que Karma significa en esencia.

Sin embargo, esa ley opera en el nivel emocional, y sus implicaciones se extienden a través de las vidas.

Cada acción provoca una reacción. La mayoría de las acciones y reacciones ocurren rápidamente, y causa y efecto se equilibran rápidamente.

Por ejemplo, robas a alguien, y al hacerlo, has disminuido o destruido ciertas posibilidades en la vida de la víctima. Más tarde, puedes arrepentirte y decidir disculparte y pagar. Así que puedes ir y devolver lo que robaste al legítimo propietario. En un escenario ideal, te perdonan, te perdonas a ti mismo, y las partes involucradas viven felices para siempre, sin mantener más cuentas entre sí.

Si no pagas, sentirás que les debes, y ese sentimiento no te dejará. La culpa te atormentará hasta que la deuda sea pagada. El pago puede hacerse dentro de una vida, como en el ejemplo que acabo de darte. Si no, surgirá en una vida futura.

La propiedad que robaste (causa) se devuelve en una vida futura (efecto). El crimen (causa) crea culpa (efecto). El pago (causa) crea oportunidad (efecto). El perdón (causa) crea paz (efecto).

Si el Karma de alta intensidad emocional no se paga, no podemos vivir en paz. La muerte del cuerpo físico no implica un equilibrio de cuentas. Entonces, morir no trae paz en este caso. Escribir D. E. P. (descanse en paz) en una lápida es dulce pero fútil para aquellos que deben o sienten que deben, y para aquellos que sienten que se les debe.

El Karma implica trabajo espiritual, no vacaciones espirituales. En presencia del Karma no pagado y en ausencia de trabajo espiritual, vivimos en el infierno, y hay poco o ningún progreso.

Perdonarse a uno mismo por nuestras transgresiones también es necesario, ya que es posible acumular Karma con uno mismo a través de la culpa extrema.

Las manifestaciones extremas de falsa personalidad destruyen oportunidades para nosotros mismos porque el miedo extremo limita nuestras acciones y expresiones en la vida. Así, el autokarma se crea —o se paga— cuando la falsa personalidad se neutraliza, vivimos sin miedo y expresamos nuestros talentos naturales.

PATRONES EN EL CAMINO ESPIRITUAL A TRAVÉS DE LA LENTE DEL TAROT DE MARSELLA

Además de ser un método de comunicación con reinos metafísicos de la manifestación para obtener información, el Tarot de Marsella es un sistema de delineación psicológica capaz de describir los patrones de experiencia que los humanos encuentran en el plano físico, incluyendo el camino espiritual.

Esta secuencia abreviada de imágenes del Arcano Mayor del Tarot de Marsella corresponde a los hitos clave en el camino espiritual consciente.

TRABAJO PREPARATORIO

Observación y evaluación de nuestras decisiones y experiencias pasadas y presentes. Moldeo y control de las partes perjudiciales de nuestras personalidades. Esfuerzos. Las etapas iniciales del trabajo espiritual.

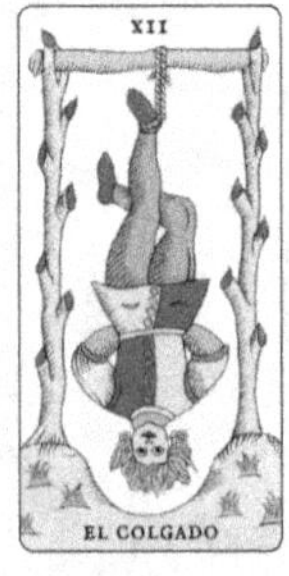

DESPERTAR

El Verdadero Yo Revelado. No soy lo que pensaba que era. Soy Conciencia. Somos impotentes como individuos, pero existe una profunda Aceptación y libertad en esa impotencia. Nuestra visión de nosotros mismos y del mundo se pone de cabeza. Las montañas no son montañas, los ríos no son ríos...

ELIMINACIÓN

Esta carta no tiene nombre —indica que el apego a todos los símbolos de autoidentidad debe desaparecer—. Ahora estamos saliendo de la opresión de la falsa personalidad. Algo en nuestro ego está muriendo; al final de este proceso, ese algo estará muerto.

AUTOINDAGACIÓN

El acto de cuestionar e investigar el origen de los pensamientos, sensaciones y emociones. Cuestionar o prestar atención a «quién soy yo». Autoindagación. Somos despojados de toda intención de Iluminación y conocimiento. La Conciencia se está llamando a sí misma y escuchándose a sí misma. Recuerdo de Sí.

REALIZACIÓN ESPIRITUAL

Ya no hay nada mal. Aceptación Total y paz con lo que sea que esté presente en este momento. Tenemos los recursos necesarios para cumplir con los requisitos de la vida. No hay nada que esconder, de lo que tener miedo o por lo que temer. Las montañas vuelven a verse como montañas, y los ríos como ríos.

Para un análisis completo del camino espiritual a través de la lente del Tarot de Marsella, visite hangedmanspath.com.

—LA ASTROLOGÍA SOLO CUENTA UNA HISTORIA SOBRE LA PERSONA...

Depende de qué tipo de astrología. Para empezar, la astrología de signo solar que la mayoría de la gente conoce hoy en día es una versión limitada, distorsionada y a menudo banalizada de la astrología tradicional que se ha practicado durante milenios. Así que la mayoría de la gente no conoce las diversas ramas de la astrología y lo que la verdadera astrología es o puede hacer.

En cuanto a que «solo» cuenta una historia, depende de quién la use.

La astrología verdadera ofrece un modelo que es un diagrama de la personalidad humana y su relación con lo que está más allá de la personalidad.

Si queremos sanar la psique, la astrología verdadera puede ser muy útil. Puede darnos una descripción práctica de los elementos que conforman la personalidad y lo que sucede con ella. Nos ayuda a ver las cosas como son. Así, puede ayudarnos a entender y lidiar con desafíos en cualquier área de nuestras vidas, incluyendo la espiritualidad.

Algunos buscadores parecen pensar que la sanación no es necesaria. Bueno, si el trauma no se reconoce y cierto karma no se salda, la paz de la Realización no se consolida. No hay forma de evitar eso.

El Despertar no es el final para la mayoría. Es el comienzo del final. La psique necesita estar sana para que aquello que fue «descubierto» en el Despertar resplandezca. Para que la Luna (personalidad) refleje la luz del Sol (Espíritu).

Entonces, si queremos contar historias entretenidas o conocemos astrólogos a quienes les gusta inventar historias, podemos usar la astrología para hacer eso.

Si queremos entender la psique humana y sus predisposiciones —tanto las que apoyan como las que obstruyen el Despertar y la Realización Espiritual—, podemos lograrlo usando una herramienta como la Astrología Tradicional.

– GLOSARIO –

EGO

El sentido de sí mismo que nos permite funcionar en el mundo físico. Un ego no educado o desequilibrado puede llevar a la formación de una falsa personalidad donde se crea el sufrimiento psicológico.

PERSONALIDAD

El conjunto más amplio de rasgos psicológicos que forman a una persona, y a través del cual se manifiesta el sentido de sí mismo, o ego.

SENTIDO DE SEPARACIÓN

Apego a, o implicación con, la entidad que responde a nuestro nombre, y el sentimiento personal de estar separado del resto del universo, y el sentimiento de vulnerabilidad que genera. El sentido de separación es la raíz del sufrimiento psicológico.

SUFRIMIENTO PSICOLÓGICO / INNECESARIO

Sufrimiento que se crea basado en una identificación errónea. Sufrimiento creado a través de la falsa personalidad. Si las ideas erróneas son reconocidas y neutralizadas, y la identificación es corregida, el sufrimiento psicológico se vuelve ausente.

FALSA PERSONALIDAD

Aquella parte de nuestras personalidades que, cuando está activa, produce sufrimiento psicológico. Usualmente, el ego no recibe una educación adecuada al principio de la vida y, por lo tanto, el miedo se vuelve exagerado y el sufrimiento psicológico se vuelve habitual.

ACUMULACIÓN

El proceso por el que pasa un buscador en la fase inicial del trabajo espiritual, en el que el ego es reeducado, observado y controlado. Durante este período, el buscador no sabe lo que está buscando o tiene una vaga intuición sobre ello.

Despertar / Revelación / Iluminación

El reconocimiento de nuestra verdadera naturaleza y de
la verdadera naturaleza del mundo como uno. Es decir,
todo es Conciencia.

Eliminación

El proceso por el que pasa un buscador en el período final del
trabajo espiritual, en el que la personalidad es despojada de
conceptos, creencias y funciones innecesarias. Este período
comienza con el despertar. En este período, el buscador tiene un
conocimiento intuitivo claro, basado en la experiencia directa, de
lo que está buscando.

Autoindagación / Recuerdo de Sí

El acto de investigar la verdadera naturaleza del «yo», o cuestionar
la veracidad del «yo». Antes del despertar, esta acción puede
llevar al despertar. Después del despertar, esta acción tiene la
función de restablecer la verdad vislumbrada y contribuir a
eliminar aún más lo innecesario de la personalidad del buscador.

Realización Espiritual

Aceptación total y paz con lo que sea que esté presente en este
momento. Ausencia del sentido de separación. Ausencia de
sufrimiento psicológico y búsqueda. Ya nada está mal.

Yo Soy

El espacio y el sentido de existir antes de tener un nombre, una
personalidad o un cuerpo. Es la semilla de la manifestación o
experiencia. Es el estado natural manifestado en forma sensible.

Espíritu / Estado Natural / Conciencia Pura

Nuestro Estado Natural se realiza cuando el sentido de separación
es removido. Nuestra Verdadera Naturaleza no es algo especial
que se alcanza o logra, es natural y normal. Ahora.

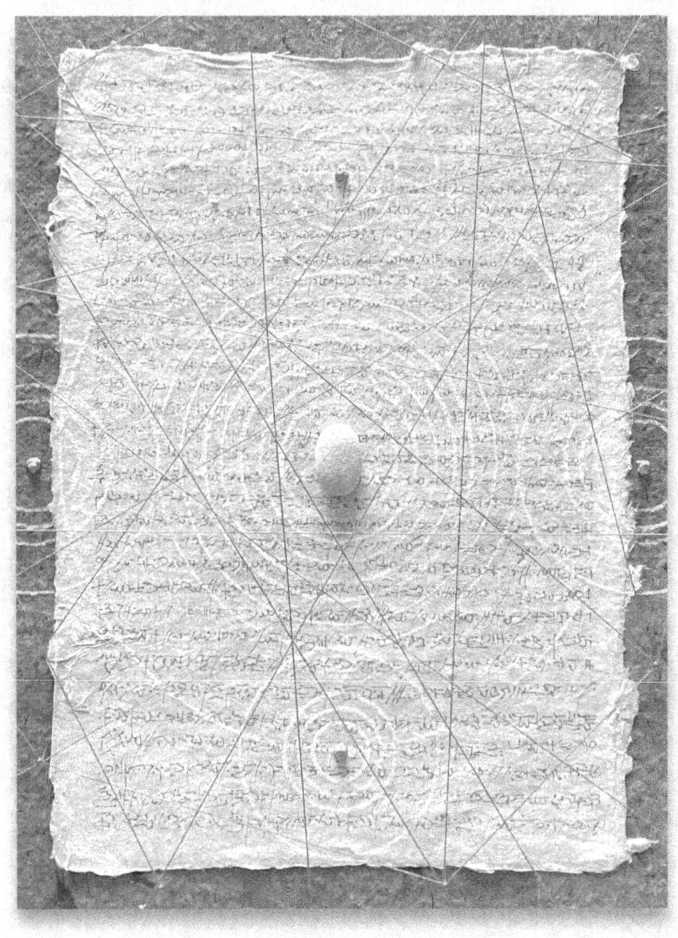

Detalle de «Inner Geometry»

Mixed media de Carlos Grasso
carlosgrasso.com